UNE SOLUTION

DU

PROBLÈME SOCIALISTE

PAR

L. ROCHAT.

SALAIRES ÉLEVÉS. — VIE A BON MARCHÉ.

---

*Croissez, multipliez, et remplissez
la terre.*

PRIX : 50 CENTIMES.

PARIS

GUILLAUMIN, LIBRAIRE-ÉDITEUR

RUE RICHELIEU, 14.

—

1851

PARIS. — IMP. DE G. GRATIOT, RUE DE LA MONNAIE, 11.

PRÉFACE.

Dans un ouvrage longuement étudié, quoique moins encore que nous ne l'aurions voulu, et qui formerait deux volumes, nous espérons donner du problème qui préoccupe toutes les intelligences, du problème socialiste, une solution complète, définitive, fondée sur les principes de la science économique; n'exigeant que des moyens dont l'expérience a démontré l'efficacité; ne blessant violemment aucun intérêt; propre à rapprocher et à réconcilier les classes aujourd'hui si malheureusement divisées; telle, en un mot, que les hommes de bien même les plus timides pourraient sans crainte s'y rattacher. Elle rallierait en outre les diverses sectes socialistes. Toutes, en effet, y trouveraient les facilités nécessaires à l'expérimentation de leur théorie; et si l'une d'elles, ce que nous hésitons fort à croire, offrait réellement sur le système social actuel quelque avantage, elle serait sûre de prévaloir bientôt.

Dans les sciences, pour trouver une idée-mère féconde, il ne faut souvent qu'un heureux hasard ; et pour l'exploiter passablement, une portée d'esprit commune, quelque instruction et du zèle suffisent. Un homme médiocre peut ainsi faire un ouvrage d'une haute utilité. L'espérance d'en avoir fait un de cet ordre n'est donc point de notre part une présomption exorbitante.

Notre ouvrage se compose de deux parties. Dans la première, nous signalons les causes de la misère et les moyens de les écarter; nous traitons par conséquent et avec détail toutes les grandes questions, qui ont été soulevées dans ces derniers temps, celles de la population, de la liberté, de l'association, de la propriété en général et de l'appropriation du sol en particulier, de la répartition des richesses, de la rente, de l'intérêt de l'argent, du crédit, etc. Nous exposons, en un mot, les principes de la science sociale. Dans la seconde partie, nous faisons l'application de ces principes, non-seulement à la France, mais à l'Europe entière. La première est un travail d'analyse ; la seconde un travail d'organisation.

Malheureusement les dépenses considérables,

auxquelles nous a entraîné la composition d'un ouvrage si étendu et si difficile, ne nous permettent pas de le faire imprimer à nos frais; et il nous a été impossible de trouver un éditeur qui consentît à jeter un coup d'œil sur notre manuscrit, à entendre même pendant cinq minutes l'exposé sommaire de nos idées. Chaque année on publie par centaines des œuvres bâclées à la hâte, vides, banales, sans portée, et une œuvre élaborée avec conscience, avec passion même, vaste, neuve, contenant *peut-être* la solution d'un problème, qui importe au plus haut degré au bonheur des hommes, d'un problème qui, depuis trois ans, a bouleversé et ensanglanté l'Europe, et la menace encore de nouveaux dangers, ne saurait se produire[1]!

Nous nous voyons donc obligé de faire appel à la souscription, et pour cela de donner comme un échantillon de notre livre. Chacune des deux parties qui le composent est précédée de prolégomènes, dans lesquels nous indiquons

---

[1] On se demande quelquefois pourquoi, de notre temps, apparaissent en politique si peu d'idées neuves et si peu d'hommes. La raison en est bien facile à donner suivant nous : c'est le défaut de publicité. Il y a de la publicité pour ceux qui phrasent au profit des coteries; il n'y en a pas pour les libres penseurs. Un Montesquieu qui n'aurait pas de nom ne trouverait pas pour un *Esprit des Lois* un éditeur.

rapidement, à grands traits, les idées principales que nous devons développer et prouver
plus tard. Ce sont ces prolégomènes, suivis de
la table des matières, que nous publions. Par
celle-ci, on pourra juger comment nous avons
circonscrit et divisé notre sujet ; par ceux-là,
quel est notre système et notre conclusion, et
jusqu'à quel point nous possédons le talent
d'exposer et de démontrer une théorie.

Le prix sera de six francs, frais de port à
part. Nous ne publierons qu'autant que nous
réunirons assez de souscripteurs pour faire un
volume compacte, qui à six francs soit à bon
marché. Si nous en réunissons davantage, nous
ferons deux volumes ; si davantage encore, nous
ajouterons une carte de l'Europe remaniée, et
même nous baisserons le prix. Nous ne prélè-
verons sur les souscripteurs aucun bénéfice.
Nous voulons que, dans ce cas, comme dans
toutes les associations pour la consommation
en commun, le bénéfice résultant de la multiplication des consommateurs soit pour ceux-ci
et non pour le producteur. Et afin de mettre sous
ce rapport notre responsabilité complétement
à couvert, nous publierons avec la liste des
souscripteurs celle des frais.

M. Guillaumin, un de nos éditeurs les plus
connus et les mieux famés, a consenti, avec

une obligeance dont nous nous faisons un plaisir de le remercier publiquement, à recevoir les souscriptions, et il en conservera le montant jusqu'après la publication. Son adresse est rue Richelieu, 14.

Si les partis et surtout la presse veulent bien, comme nous l'espérons, nous prêter leur appui, nous aurons bientôt réuni le nombre de souscripteurs nécessaire ; en une demi-journée le moindre faubourg de Paris nous le fournirait. Si, au contraire, on nous abandonne, qu'on fasse contre nous la conspiration du silence, il est très certain que nous échouerons. A chacun la responsabilité de ses actes.

Quant à la Chambre, qu'aucune entreprise charitable, philanthropique ne trouve indifférente, n'aurions-nous pas quelques droits à sa bienveillance, à sa puissante protection? Ne pourrait-elle, ne devrait-elle pas considérer notre œuvre comme un document utile sur une question vaste et difficile, qu'elle est chargée de résoudre, et en encourager à ce titre la publication? Il n'y a pas de précédent, nous dira-t-on; mais pourquoi n'en créerait-elle pas un? N'a-t-elle pas plein pouvoir pour prendre toutes les mesures que réclame l'intérêt général? N'est-elle pas souveraine? Toutes les fois qu'elle a eu à repousser quelqu'une des solutions erronées présentées jusqu'ici par le socialisme, elle a promis solennellement, dans le cas où une solution raisonnable, conforme aux lois naturelles, apparaîtrait enfin, de l'appuyer et de la favoriser. Ne serait-ce pas le cas pour elle de tenir cette promesse?

Quoi qu'il arrive, nous le disons hautement, nous n'aurons pas de reproche à nous faire ; nous aurons rempli notre devoir jusqu'au bout, avec énergie et persévérance, sans nous être laissé arrêter ni par le soin de nos intérêts, ni par celui de notre santé, ni par les pressantes observations de notre famille, ni par les innombrables obstacles que l'apathie des uns, l'inintelligence des autres, l'esprit de système de ceux-ci, les mauvaises passions de ceux-là, nous ont suscités.

Nous n'ajouterons plus qu'un mot. Affecté d'une maladie fort grave, que tant de travaux, tant de découragements ont irritée et accélérée, nous n'avons plus sans doute devant nous que fort peu de temps. Que ceux donc qui trouveraient bon de nous aider dans cette circonstance veuillent bien se hâter ; plus tard, il pourrait être trop tard.

UNE SOLUTION

DU

PROBLÈME SOCIALISTE.

PROLÉGOMÈNES

DE LA PREMIÈRE PARTIE.

> Pauvres paysans, pauvre royaume.
> QUESNAY.

Au commencement de ce siècle, la misère a été en Angleterre le sujet d'un grand débat entre deux hommes fort éminents, Godwin et Malthus. Suivant le premier, elle dépend uniquement du vice des institutions politiques ; suivant le second, moins exclusif peut-être, elle dépend de l'entassement ; (nous appellerons ainsi, pour abréger, l'excès de population sur un point donné). De Godwin ou de Malthus, qui avait raison ? Tous les deux. La misère dépend tantôt de l'une des causes que nous venons de signaler, tantôt de l'autre, quelquefois de ces deux causes réunies.

La nature a permis pour les hommes un bonheur infiniment plus complet que pour les autres animaux ; mais elle a voulu qu'ils le conquissent ; elle a voulu qu'ils se procurassent par leur travail presque tous les objets nécessaires à la satisfaction de leurs nombreux besoins. « *Nus sur la terre nue :* » tel est le caractère de la position qu'elle leur a faite. Pour arriver à l'aisance, condition essentielle de leur bonheur, il ne suffit pas qu'ils travaillent avec activité et persévérance, il faut encore qu'ils aient donné à leurs facultés physiques, intellectuelles et morales un perfectionnement convenable, et qu'ils se soient procuré tous les instruments dont ils ont besoin ; il faut, en un mot, qu'ils aient développé suffisamment leur puissance personnelle et auxiliaire. Seuls entre les animaux, ils sont perfectibles ; seuls aussi ils ont le privilége de faire servir à la multiplication des fruits de leur labeur présent le fruit de leur labeur passé. Mais ils ne sauraient développer leur puissance personnelle et auxiliaire qu'autant qu'ils ont déjà accumulé des capitaux. Bien travailler pour épargner, épargner pour bien travailler, tel est le cercle hors duquel il n'y a pas pour eux d'enrichissement possible.

Si donc les institutions, au lieu de les éveiller et de les stimuler, de leur créer ces besoins nécessaires à l'expansion et à l'amélioration de leur être, les retiennent dans l'engourdissement de la barbarie, les entravent dans leur œuvre, leur en enlèvent les produits, ils ne travailleront plus qu'avec découragement et mollesse, ne pourront plus épargner, et par conséquent ni se perfectionner eux-mêmes, ni se procurer les instruments dont ils auraient besoin ; et, si peu nombreux soient-ils sur un point donné, la misère sera fatalement leur sort.

Les hommes doivent ici-bas s'entr'aider pour faciliter et étendre leurs conquêtes sur la nature, pour améliorer tout leur être, s'assurer les jouissances si nombreuses et si nobles que l'exercice normal de leur sociabilité leur procure; et ils ne le peuvent qu'autant qu'ils sont réunis en nombre suffisant. Une population nombreuse est donc un des éléments les plus importants pour la puissance et la prospérité des sociétés; mais encore faut-il qu'elle soit proportionnée à l'étendue du territoire.

Les moyens de travail et de profit pour l'homme ne sont-ils pas toujours plus ou moins bornés par les limites du sol? N'est-ce pas le sol qui fournit tous les produits propres à notre usage, soit que nous les consommions tels qu'il nous les livre, soit que nous les modifiions plus ou moins par notre industrie? N'est-ce pas le sol qui nous fournit directement la plupart de nos aliments et de nos vêtements, les matériaux de toutes nos constructions, de tous nos meubles et ustensiles, le combustible qui nous rend tant de services divers? N'est-ce pas par le sol que sont entretenus tous les animaux qui contribuent à nous nourrir ou qui nous aident dans nos travaux? L'eau, soit qu'elle dorme ou coule, avec toutes les valeurs qu'elle contient, fait corps avec lui; il en est de même de l'air. La terre est donc le réservoir duquel nous retirons sans exception toutes nos richesses; et, quelque puissance auxiliaire et personnelle que nous possédions, à quoi nous servira-t-elle, si l'élément principal auquel nous pouvons la consacrer, l'appliquer, nous manque ?

On peut considérer le territoire d'une nation, ou tout au moins les produits annuels qu'il donne, comme un gâteau destiné à satisfaire à tous les besoins des habitants de cette nation. A supposer qu'il soit exactement partagé entre eux, n'est-il pas évident qu'au delà d'une certaine limite, à mesure qu'ils se multiplieront, leur part deviendra plus petite, qu'on les verra passer de l'aisance à la médiocrité, de la médiocrité à la pauvreté, de la pauvreté à la misère et à l'impossibilité absolue de vivre ? Renfermez dans un espace étroit et hermétiquement fermé un certain nombre d'hommmes, si bien organisée soit leur association, quelles que soient l'égalité et la fraternité qui président à leurs rapports, ils étoufferont.

La concurrence anarchique, cette concurrence qui tient à ce que, sur un point donné, il y a plus d'individus que de places, a été signalée avec raison dans ces derniers temps comme le principe de tous les maux de nos grandes sociétés. Mais quelle en est l'unique cause ? L'entassement. Dissipez celui-ci, et d'elle-même celle-là se dissipera. Disséminez convenablement les travailleurs, et dès lors, au lieu de recevoir la loi, ils la feront ; dès lors ils n'auront nullement besoin que l'État les protége, se protégeant fort bien eux-mêmes ; le droit au travail se trouvera tout établi, le travail tout organisé ; plus de *maximum* d'heures de travail ou de *minimum* de salaire à fixer ; plus de loi à faire sur l'emploi des enfants et des femmes dans les manufactures.

Le vice des institutions et l'entassement peuvent donc également causer la misère. C'est ce que prouve le raisonnement ; c'est ce que prouve aussi l'expérience.

Dans l'antiquité, deux peuples se sont distingués par leurs richesses, leur puissance, leur merveilleuse civilisation, comme aussi par la somme de bonheur dont jouissait la grande majorité des citoyens : les peuples de la Grèce et de Rome. Leurs institutions n'étaient certainement point parfaites. Et comment l'eussent-elles été, la science politique se trouvant encore dans l'enfance ? Mais elles étaient bien supérieures à celles des autres nations. On voyait ordinairement alors à la tête de la société les hommes les plus capables de la bien conduire, les philosophes ; et malgré les efforts d'aristocraties plus ou moins puissantes, malgré d'assez fréquentes révolutions, l'intérêt général prédominait presque toujours. D'ailleurs, des gouvernements démocratiques, préoccupés avant tout du bonheur des masses, avaient bien reconnu tous les maux qu'entraîne pour elles l'entassement ; et ils avaient pris soin de le prévenir au moyen d'une législation qui limitait les mariages, autorisait l'avortement et l'exposition des enfants ; au moyen surtout d'une émigration périodique, établie sur une vaste échelle, organisée et facilitée par l'État, souvent gratuite, quelquefois obligatoire.

Nous n'emprunterons aux temps modernes que deux exemples ; saillants comme ils sont, ils suffiront. Pourquoi la misère est-elle si rare aux États-Unis, ne sévit-elle que sur des esclaves récemment affranchis et mal préparés à la liberté, sur des aventuriers européens, ou sur quelques individus paresseux et débauchés? C'est que là une judicieuse démocratie est établie, et que l'immensité du territoire laisse à une population, rapidement croissante, toute la liberté désirable pour se répandre; c'est qu'il n'y a, en un mot, ni vice dans les institutions ni entassement. Pourquoi, au contraire, la misère est-elle si grande en Irlande? C'est qu'il y a à la fois entassement et vice dans les institutions.

Godwin et Malthus, nous le répétons, ont également raison dans une certaine mesure. C'est un de ces cas, si fréquents dans l'histoire des opinions humaines, où deux systèmes qui se combattent, s'excluant et se repoussant avec une ardeur jalouse, se concilient admirablement au contraire et se complètent. Chacun d'eux contient la moitié de la vérité, et il suffit d'emprunter à l'un et à l'autre, par un judicieux éclectisme, ce qu'il contient de bon pour avoir la vérité tout entière.

Mais avant d'aller plus loin sur ce point, arrêtons-nous pour indiquer d'une manière plus précise encore quelles sont chez toute nation les conditions du bonheur des masses; ce sera pour nous une occasion de pénétrer dans les profondeurs de l'organisation économique des sociétés.

Pour que les masses vivent dans l'aisance, il faut que par un travail, assez modéré pour leur laisser le loisir nécessaire à la satisfaction de leurs besoins intellectuels et moraux, elles puissent se procurer tous les produits que réclament leurs besoins matériels ; il faut, par conséquent, que les produits agricoles (ce sont les plus importants, les plus nombreux, ceux qui entrent en plus grande proportion dans la consommation générale) soient abondants et à bon marché, et qu'en même temps, comme on le voit aux États-Unis, le travail soit beaucoup demandé et cher. Il ne suffit pas que le prix des premiers soit bas, si, comme en Russie, celui du second est bas aussi, ou que le prix du second soit élevé, si, comme en Angleterre, celui des premiers l'est pareillement. C'est la différence entre ces deux prix qui, en réalité, décide de la part des masses dans le revenu général et par suite de leur position.

Ainsi bon marché des produits agricoles, cherté du travail, telles sont les deux conditions qui, par leur réunion, forment la base du bonheur général. Eh bien ! ces deux conditions coexisteront constamment toutes les fois que dans un pays bien gouverné il n'y aura pas de rente de la terre, ou que tout au moins elle sera peu élevée ; en d'autres termes, toutes les fois que le cultivateur n'aura rien ou presque rien à payer pour l'usage de la fécondité naturelle du sol, pour l'usage de l'instrument brut, donné gratuitement à tous par le Créateur.

Pour bien mettre en évidence cette idée, qui est une des principales de notre œuvre, nous devrons d'abord définir quelques termes. On est propriétaire d'un terrain par cela seul qu'on en a la libre disposition, et qu'on profite de toute la plus-value qu'il peut acquérir. On en est propriétaire *nominal* seulement, si l'on en doit la valeur, si l'on est obligé de consacrer annuellement une portion du revenu qu'on en retire pour payer les intérêts de la somme par laquelle on l'a acquis. On en est propriétaire *réel* dans le cas contraire. Nous appellerons propriétaire *intégral* celui qui possède *nominalement* ou *réellement* tout le terrain qu'une famille peut cultiver avec avantage : propriétaire *parcellaire*, celui qui ne possède qu'une partie de ce terrain. Nous ne tenons nullement à ces termes, qu'on peut remplacer par d'autres plus convenables, mais nous tenons aux distinctions qu'ils expriment ; car sans elles, rien de ce que nous avons à dire ne serait clair.

Quand la rente n'existe pas, le sol ayant seulement la valeur qu'il tire des capitaux qui y sont actuellement engagés est à bas prix, et le cultivateur peut arriver avec facilité à la propriété *réelle* de tout le terrain dont il a moralement besoin. C'est assez dire qu'il y arrive.

L'homme s'attache naturellement à toute propriété ; mais rien ne saurait se comparer à l'attachement du cultivateur pour la terre. Et comment ne l'aimerait-il pas ? Il trouve en elle le bien le plus fixe, le plus sûr, le moins exposé à être égaré ou enlevé, le moins atteint par les vicissitudes politiques et commerciales ; il trouve en elle un gage solide pour les emprunts qu'il est appelé à faire. A tout moment, elle frappe ses sens, car sans cesse il la voit, la parcourt, la façonne. Elle lui assure un travail permanent, illimité pour ainsi dire, salubre, varié, qui ne l'isole pas des êtres qu'il chérit, qui lui fournit en abondance les produits nécessaires à ses besoins, et dont il est certain de recueillir tous les fruits ; elle l'arrache ainsi à la dépendance où il serait de ses semblables, le fait de mercenaire homme libre, l'élève, l'ennoblit. Elle manifeste à tous les yeux l'industrie qu'il a déployée pour la mettre en valeur, l'embellir, comme aussi la fortune qu'il possède ; elle le rend fier de lui-même. En outre, en lui inspirant le goût du travail, l'économie, l'ordre, en éloignant de lui les mauvaises passions, elle le moralise. Elle lui donne en un mot le bonheur, et le dispose à travailler à celui des autres. Aussi, voit-il moins en elle une chose qu'un être : il l'aime presque comme une mère, une femme, une fille ; et elle est, à bien dire, un peu de tout cela pour lui.

. Le paysan de France est, dit-on, passionné pour la terre. C'est le paysan de tous les pays et de tous les temps qu'il faudrait dire. La plante ne saurait vivre sans une portion de sol, qui fait en quelque sorte partie d'elle-même. Il en est exactement ainsi de l'homme. Sans doute, il n'est pas comme la plante fixé au sol, mais il n'en a pas moins besoin qu'elle ; et l'attachement qu'il lui porte doit être regardé comme un de ces instincts primitifs, énergiques, indélébiles, gravés dans le cœur humain par la main même du créateur. Tous les hommes, sans exception, sont faits pour avoir une place au soleil et pour l'aimer ; et partout où ils n'en ont pas une, l'ordre social est radicalement mauvais, les lois positives sont en opposition formelle avec les lois naturelles.

Ainsi, tout pays, où ni rente, ni aucune autre cause n'entravera les cultivateurs dans l'acquisition du sol, se trouvera bientôt et par la force irrésistible des choses fractionné en petits domaines, convenablement étendus pour occuper et entretenir chaque famille, et exploités par les propriétaires eux-mêmes. De ce grand fait seul que de conséquences vont découler !

La terre, on le sait, quand elle n'est que médiocrement cultivée, ne donne que peu de fruits ; elle en donne beaucoup, au contraire, quand elle est fécondée par toutes les ressources d'une culture perfectionnée; et elle rend d'autant plus proportionnellement, jusqu'à une certaine limite toutefois, qu'on lui consacre plus de travail, de lumières et de capitaux. Par une de ces harmonies du monde moral, non moins admirables que celles du monde physique, elle encourage ainsi l'homme au travail, à l'étude, à l'épargne. Or, c'est quand elle est exploitée par le cultivateur lui-même, qu'elle reçoit le plus d'avances de tout genre.

D'abord, entre l'homme qui travaille pour lui-même et celui qui travaille pour les autres, il n'y a aucune comparaison à établir. Le premier ne perd pas un moment. Et quelle activité ! quelle ardeur ! quels soins ! Il pense à tout, prévoit tout, ne se laisse jamais surprendre. Comme il se sert avec précaution des divers instruments qu'il employe,

les remet en place, les entretient ! Il n'attend pas
que le dommage soit devenu irréparable pour son-
ger à le réparer. Ce n'est pas lui qui pour un clou
perd un fer, et pour un fer un cheval. Il n'est rien
de tel, on l'a bien dit, que l'œil et le bras du maître. En outre, l'attachement, que le cultivateur propriétaire a pour sa terre, donne encore à son travail quelque chose de particulièrement ardent, de
passionné même.

Ce n'est pas tout. Les entreprises agricoles les
plus productives sont précisément celles dont les
avantages se font beaucoup attendre, mais aussi
se prolongent souvent pendant de longues séries
d'années, pendant des siècles : telles sont les irrigations, les desséchements, les colmatages, les clôtures, les plantations, et ces pénibles opérations
par lesquelles on transporte, sur des rocs bien ex-
posés, de la terre végétale qu'on soutient ensuite
par des murailles. Toutes ces entreprises, qui, en
même temps qu'elles sont à long terme, exigent
tant de frais, ne sauraient être accomplies que par
le cultivateur propriétaire. Lui seul est certain d'en
recueillir tout le fruit, soit par lui-même, soit par
ses héritiers. Tout fermage, si prolongé soit-il, par
cela seul qu'il doit finir est donc funeste ; et un
pays exploité par des fermiers et des manœuvres
fait deux pertes : l'une sur les fermiers, qui ne consacrent pas au sol les capitaux qui pourraient lui
être consacrés avec avantage : l'autre sur les manœuvres, qui ne travaillent pas comme ils devraient
travailler ; et ces deux pertes, multipliées par le

nombre infini des individus qui peuvent y donner lieu, s'élèvent quelquefois à un chiffre énorme.

Ainsi, le cultivateur, dans les conditions où nous avons dit que l'absence de rente devait le placer, par cela seul qu'il sera propriétaire, consacrera à sa terre un travail ardent, et de plus tous les capitaux dont il pourra disposer. Nous allons voir que sa qualité de propriétaire *réel* et *intégral* lui permettra d'acquérir tous les capitaux et toutes les lumières dont il aura besoin.

La terre, qui récompense toujours généreusement le labeur de ceux qui la cultivent, leur donne deux espèces de revenus : l'un, qui doit servir à leur entretien et au sien : l'autre, qui doit servir à son amélioration et à la leur. Quand ils emploient ce second revenu conformément à sa destination, ils bonifient doublement la terre : directement, par les capitaux qu'ils lui consacrent : indirectement, par le développement qu'ils donnent à toutes leurs facultés physiques, intellectuelles et morales, et en particulier par les connaissances agricoles qu'ils acquièrent. Doublement bonifiée de cette manière, elle rend un revenu d'amélioration toujours plus grand, par lequel elle est chaque année toujours plus bonifiée, et ainsi successivement, suivant une loi qui se rapproche plus ou moins de la progression géométrique, jusqu'à ce qu'enfin elle arrive à son *summum* de fécondité. En même temps on voit le cultivateur passer peu à peu du malaise à la médiocrité, de la médiocrité à une situation passable, de celle-ci enfin à l'aisance. Il y a toujours solidarité entre la terre et celui qui la cultive ; et dans les conditions que nous venons de supposer, qui sont d'ailleurs celles de l'ordre naturel, la bonification de la première, le perfectionnement et l'enrichissement du second, se développent ensemble, marchent du même pas et avec rapidité.

Le revenu d'amélioration ou, comme le disaient les économistes de l'école de Quesnay, le revenu net est-il, au contraire, détourné de son usage normal ? tout reste pauvre, le sol et l'homme. C'est précisément cet effet que produit la rente ; car elle enlève tantôt une portion plus ou moins considérable du revenu d'amélioration, tantôt tout ce revenu, quelquefois même, comme en Irlande, elle empiète sur le revenu d'entretien, au point de mettre le cultivateur dans l'impossibilité de vivre suivant les lois les plus impérieuses de l'hygiène.

Ainsi le cultivateur qui sera propriétaire *réel*, qui n'aura à payer ni rente, ni intérêt d'argent, ni aucune redevance improductive quelconque, qui conservera pour lui tout le revenu que donnera sa terre, possédera toujours quand il le voudra les capitaux et les lumières qui lui seraient nécessaires pour la bonifier. Mais, hâtons-nous de le dire, nous supposons qu'il est en même temps propriétaire *intégral* ; car s'il n'a qu'une portion de domaine, il sera obligé d'employer tous ses revenus à des dépenses d'entretien, se verra hors d'état d'améliorer, et se trouvera par conséquent emprisonné aussi dans ce déplorable cercle vicieux, dont le propriétaire *nominal* ne peut sortir.

Toutes les fois donc qu'il n'y a pas de rente, par cela même qu'il jouit de la possession *réelle* de tout le terrain qu'il peut normalement exploiter, le cultivateur, grâce au stimulant énergique que lui donne le sentiment de la propriété, grâce au rapide développement de ses facultés, de ses lumières, et de ses capitaux, retire tant de produits, qu'il peut, tout en se réservant une grande aisance, les vendre à très bas prix. Les produits agricoles sont donc abondants et peu chers; la première condition du bonheur social se trouve donc réalisée; la seconde, comme nous allons le montrer, ne l'est pas moins.

Chez une nation placée dans les circonstances que nous avons admises, pas de vaine pâture, pas de jachères. Tous les terrains qui peuvent être cultivés avec avantage le sont bientôt et complétement. Or que de travail n'ouvre pas une culture complète! Ce sont les irrigations et le drainage; ce sont des labours, des binages et sarclages fréquents; des amendements divers souvent répétés; des engrais déposés en abondance; beaucoup de produits à détacher du sol et à transporter; de nombreux bestiaux à entretenir. En outre, à mesure que l'agriculture se développe, on voit se développer dans la même proportion toutes les industries : celles qui préparent au cultivateur les objets innombrables nécessaires à une exploitation perfectionnée, bâtiments, instruments, attelages, etc.; celles qui façonnent plusieurs de ses produits, graines farineuses ou oléagineuses, betteraves, soie, laine, peau, crins, etc.; celles, enfin, qui fournissent à ses consommations personnelles, consommations abondantes et variées, puisqu'il est dans une large aisance.

En même temps, et par la même raison, les services des professions libérales sont beaucoup réclamés, et les entreprises d'utilité publique se développent sous toutes les formes, prennent une considérable extension. En outre, les jouissances artistiques et littéraires, ce noble et délicieux complément de la félicité humaine, se trouvent à la portée des masses elles-mêmes.

Ainsi tous les genres de travaux, agricole, industriel, commercial, libéral, artistique, public, sont beaucoup demandés. Par cela seul, ils devront déjà être tous bien rétribués; mais ils devront l'être encore par une autre raison, c'est que celui du cultivateur le sera beaucoup, comme nous l'avons montré. La situation de la classe industrielle tend toujours à s'équilibrer avec celle de la classe agricole. Les industriels gagnent-ils moins que les agriculteurs, un certain nombre d'entre eux se voueront à l'agricuture; alors, par la diminution de la concurrence augmentera le salaire des autres, et ce mouvement continuera jusqu'à ce que le salaire industriel soit égal au salaire agricole. Ainsi un bénéfice permanent, assuré aux cultivateurs, forme un niveau, au-dessous duquel le bénéfice de tous les autres travailleurs ne peut pas tomber; et, pour assurer le bonheur des seconds, il suffit d'avoir assuré celui des premiers. Riches paysans, riche peuple, telle est la contre-partie de l'épigraphe que nous avons empruntée à Quesnay.

En résumé, bas prix des produits agricoles, taux élevé des salaires, et par suite bonheur général, voilà les conséquences certaines de l'absence de rente. L'entassement pourrait seul mettre obstacle à un si heureux ordre de choses; mais dans de pareilles conditions il n'est pas possible. Quand les hommes sont dans l'aisance, ils ont un tel sentiment de leur dignité, une telle répugnance à placer leurs enfants dans une condition inférieure à la leur, qu'ils évitent soigneusement les mariages précoces et les familles trop nombreuses. Aussi la population se multiplie-t-elle rarement trop. D'ailleurs, si elle vient à se multiplier au-delà des limites normales, une partie des habitants, voyant diminuer son bien-être, profite des épargnes qu'elle a amassées pour faire ce que font tous les animaux, et en particulier les abeilles, pour se transporter dans des lieux plus favorables. Pourquoi les travailleurs des États-Unis émigrent-ils sans cesse? c'est qu'ils le peuvent. Pourquoi ceux de l'occident de l'Europe n'émigrent-ils pas? c'est qu'ils ne le peuvent point. On ne reste pas dans une prison quand on a le moyen d'en sortir.

Nous appellerons *normal* l'état social que nous venons de décrire; nous appellerons *normal* aussi le taux auquel, dans cet état social, se trouvent et les produits agricoles, et le salaire nominal, et le salaire réel.

La théorie que nous venons d'exposer est confirmée par l'histoire entière. Tous les pays, sans exception, qui ont présenté la condition fondamentale sur laquelle nous avons insisté, l'absence de rente, sont arrivés promptement à une haute prospérité : la Grèce et surtout ses colonies : Rome à son origine, et après l'adoption des lois agraires : de notre temps, les États-Unis. Nous nous bornons pour le moment à citer ces exemples ; nous y reviendrons plus loin avec détail. Notre doctrine est confirmée aussi par les écrivains les plus éminents, par Montesquieu et Sismondi entre autres ; le premier, qui passe avec raison pour l'autorité la plus imposante dans les sciences morales et politiques ; le second, que la solidité, la justesse, l'indépendance et l'étendue de son intelligence, la profondeur et la variété de ses connaissances, son amour à la fois énergique et mesuré pour la liberté et le progrès, sa sympathie chaleureuse pour les souffrances des masses, l'ampleur et la richesse de son style, ont placé à la tête des publicistes et des économistes modernes. Montesquieu a dit :

« Les fondateurs des anciennes républiques avaient *également partagé les terres* ; cela seul faisait un peuple puissant, c'est-à-dire une société bien réglée ; cela faisait aussi une bonne armée, chacun y ayant un égal intérêt, et très grand, à défendre sa patrie. » *Grandeur et décadence des Romains,* chap. III.

« Les rois Agis et Cléomène, voyant qu'au lieu de neuf mille citoyens qui étaient à Sparte du temps de Lycurgue, il n'y en avait plus que sept cents, dont à peine cent possédaient des terres, et que tout le reste n'était qu'une populace sans courage, *entreprirent de rétablir les lois à cet égard*, et Lacédémone reprit sa première puissance et redevint formidable à tous les Grecs. » *Ibid.*, chap. III.

« Ce fut le *partage égal* des terres qui rendit Rome capable de sortir d'abord de son abaissement, et cela se sentit bien quand elle fut corrompue. » *Ibid.*, chap. III.

Sismondi est plus explicite encore :

« Le travail des champs est celui de tous qui fait naître la plus ample récompense ; il promet avec l'abondance la santé, la paix du cœur et la bienveillance ; il nourrit l'âme et l'intelligence aussi bien que le corps ; il assure enfin le bonheur des sociétés, *pourvu qu'un autre homme ne s'interpose pas entre le cultivateur et la terre, qu'il ne prétende pas recueillir où il n'a pas semé, et se faire payer, et payer avec usure là où il n'a pas travaillé et pour des services qu'il n'a pas rendus.* » *Études sur l'économie politique,* vol. II, page 82.

« Le *paysan propriétaire* est de tous les cultivateurs celui qui tire le plus de parti du sol, parce que c'est lui qui songe le plus à l'avenir, tout comme celui qui a été le plus éclairé par l'expérience. C'est encore lui qui met le mieux à profit le travail humain, parce que, répartissant ses occupations entre tous les membres de sa famille, il en réserve pour tous les jours de l'année, de manière à ce qu'il n'y ait de chômage pour personne. De tous les cultivateurs il est le plus heureux, et, en même temps, sur un espace donné, la terre ne nourrit bien sans s'épuiser, et n'occupe jamais tant d'habitants que lorsqu'ils sont *propriétaires*. Enfin, de tous les cultivateurs, le *paysan propriétaire* est celui qui donne le plus d'encouragement au commerce et à l'industrie, parce qu'il est le plus riche. » *Ibid.,* vol. I, page 173.

« L'état de société le plus désirable est celui où *la grande masse des cultivateurs est propriétaire*. Ce n'est pas celui qui donne le plus grand revenu net, le plus grand profit, mais bien celui qui donne la plus grande masse de revenu brut, celui qui emploie le plus grand travail et qui le récompense largement. C'est l'état de société qui entretient en plus grand nombre une population heureuse, car sans accroissement de bonheur, l'accroissement de la population n'est plus qu'une calamité. C'est, d'autre part, l'état de société qui met l'obstacle le plus certain à l'accroissement désordonné de cette population. Le petit propriétaire, qui sait que sa famille peut vivre honnêtement sur son petit patrimoine, n'est pas plus disposé que le comte ou le marquis à la faire descendre de condition; il n'est pas plus disposé qu'eux à se marier jeune, ou à marier tous ses enfants, s'il n'est pas assuré pour lui-même ou pour eux de pouvoir soutenir dans son rang l'honneur de sa famille. En effet, les *paysans propriétaires* acquièrent les vertus, la prudence, l'amour de l'ordre et de la stabilité d'une aristocratie, tandis que la médiocrité de leur fortune les empêche d'en acquérir les vices, de se livrer comme elle à l'ivresse des plaisirs ou à la dissipation. Si l'on comparait le nombre des *paysans propriétaires* dans chacun des différents États de l'Europe, on trouverait non-seulement la mesure du bonheur le plus généralement répandu, mais encore celle de l'attachement du peuple à l'ordre établi et des éléments de durée de gouvernement. » *Ibid.*, vol. I, p. 361.

« Notre imagination ne saurait concevoir d'état plus heureux que celui d'une population qui s'est vouée à la culture des terres, qui la pratique de ses propres mains, et qui a su se donner une organisation politique assez énergique et assez libre pour que *les fruits du sol soient toujours garantis à celui qui les a fait naître*. C'est en faisant ce pas important que les Hellènes et les Italiens remplacèrent les Pélasges, et que dès lors leur vertu civile et militaire, leur population et leur bonheur allèrent croissant pendant plusieurs générations. A cette origine des sociétés, *chacun était maître absolu de la terre qu'il cultivait de ses mains, il n'en payait la rente à personne; chacun travaillait avec un droit égal pour des avantages égaux.* » *Ibid.*, vol. I, pag. 168.

« *Tant que l'Europe antique fut divisée entre de petits peuples libres et cultivateurs*, leur prospérité alla croissant avec une rapidité merveilleuse ; la culture s'étendit des plaines jusqu'au sommet des montagnes ; tous les moyens d'augmenter la fertilité des terrains furent successivement découverts ; tous les produits du sol qui pouvaient satisfaire les goûts de l'homme furent tour à tour appelés en existence. Cette campagne de Rome, aujourd'hui si déserte, assainie alors par le souffle de l'homme, était couverte d'une population si serrée, que cinq arpents étaient supposés suffire amplement à l'entretien d'une famille. Cependant, malgré les guerres fréquentes, cette population augmentait sans cesse. De même qu'une ruche d'abeilles donne chaque année un essaim, chaque cité, après le développement de chaque génération, avait besoin d'envoyer au dehors une colonie, et cette colonie, recommençant le progrès social d'après les mêmes principes avec des *paysans propriétaires*, et attendant tout de l'agriculture, marchait rapidement vers la même prospérité.

« Le bonheur rural dont l'histoire nous présente le tableau dans les temps glorieux de l'Italie et de la Grèce, n'est pas non plus inconnu à notre siècle. Partout *où l'on trouve des paysans propriétaires*, on retrouve aussi cette aisance, cette sécurité, cette confiance dans l'avenir, cette indépendance, qui assurent en même temps le bonheur et la vertu. » *Ibid.*, vol. I, pages 169 et 170.

Dans un grand nombre de passages du même ouvrage, Sismondi décrit longuement, avec amour, et aussi avec un charme infini, l'heureuse existence que mènent les paysans propriétaires de quelques parties de la Suisse et de la Toscane, particulièrement ceux du val Nievole, et il insiste beaucoup sur le développement physique, intellectuel et moral qu'une telle existence leur assure.

Pour rendre encore plus frappante la démonstration que nous venons d'exposer, nous en ferons rapidement la contre-partie.

Si la rente est élevée, comme en même temps les produits agricoles seront chers et le travail bon marché, le cultivateur ne pourra arriver à la possession *réelle et intégrale* du sol. La terre sera exploitée : en partie par des propriétaires soit *nominaux*, soit *parcellaires*, ou même *nominaux* et *parcellaires* à la fois : en partie par des fermiers et des métayers. Ainsi la rente, quand elle est élevée, tend d'abord à faire prévaloir le système d'exploitation le plus vicieux; mais en outre, comme on va le voir, elle rend difficile tout mode d'exploitation, même le meilleur.

Le cultivateur est-il en effet propriétaire *réel*, il n'aura pas d'intérêt à payer, tous les produits, retirés par lui de son domaine, lui appartiendront; mais il n'aura plus la somme à l'aide de laquelle il l'a acheté, somme qui lui aurait servi à le bonifier. Est-il propriétaire *nominal*, il faut qu'il paye l'intérêt du capital emprunté par lui, capital d'autant plus considérable que la rente s'élève plus haut. Est-il fermier, il faut qu'il paye son fermage. Dans ces trois cas, son fonds disponible se trouve notablement diminué. Ce n'est pas tout encore : les principaux éléments nécessaires à l'amélioration du sol, semences, bestiaux, engrais, bois pour les constructions et les clôtures, sont des produits agricoles; or, comme nous l'avons déjà dit, les produits agricoles sont toujours chers quand la rente est élevée elle-même. La position du cultivateur se trouve donc doublement fâcheuse; car, en même temps qu'il voit son capital disponible diminuer, il voit augmenter le besoin qu'il en aurait. Il a donc les bras liés ; toute possibilité d'améliorer largement son domaine, et d'arriver ainsi à l'aisance, lui est interdite.

Ainsi les produits agricoles seront rares, et de plus ils seront chers, d'abord à cause de leur rareté, à cause aussi de la rente qui les grèvera. Le travail sera peu demandé, car celui qui a pour principe la bonification du sol et l'aisance du cultivateur n'existera pas ; il sera en outre beaucoup offert, car les travailleurs se trouveront trop peu éclairés pour mettre à la multiplication de leurs enfants des bornes convenables, et trop peu riches pour émigrer. Le pays tombera donc nécessairement dans cette funeste impasse dont nous voudrions retirer les grandes sociétés de l'Europe.

En France, où la rente est déjà élevée, on compte, il est vrai, un assez bon nombre de propriétaires ; mais la plupart ne sont que *nominaux* et *parcellaires*. La classe agricole, considérée en général, végète tristement dans un état bien voisin de la misère ; elle manque complétement de ces jouissances intellectuelles et morales qui donnent à la vie son principal charme, et elle ne satisfait que d'une manière très étroite ses besoins physiques, obligée, dans certaines provinces, de se contenter d'une nourriture qui ne convient qu'aux derniers des animaux. En Angleterre, où la rente est plus élevée encore, et où tout le sol se trouve concentré entre les mains de l'aristocratie, la classe agricole, nous entendons celle non des fermiers, mais des manœuvres, est aussi misérable que les couches les plus inférieures de la classe industrielle, c'est tout dire ; et, par la moindre cause, elle tombe dans le dénûment le plus absolu. En Irlande, où la rente est plus élevée encore, où elle dépasse souvent ce que la terre peut rendre et dégénère ainsi en une véritable extorsion, elle a réduit aux derniers termes de la souffrance et de la dégradation, à un état voisin de celui de la brute, une des plus belles races de l'Europe, une race que distinguent une haute beauté physique, un esprit vif, fertile, brillant, une âme pleine de générosité et de chaleur.

Tous les faits, comme on le voit, viennent confirmer la loi que nous avons posée, à savoir que plus la rente est considérable, plus est pauvre la classe agricole, et, par suite, la classe laborieuse tout entière.

L'aisance, que Dieu a non-seulement permise mais voulue pour tous, a donc pour principe une large et féconde exploitation agricole, celle-ci, une division et une appropriation normales du sol, celle-ci l'absence de rente. Pas de rente ! aucune redevance pour l'usage des facultés productives naturelles de la terre ! Que l'usage de la terre, cet instrument gratuitement donné aux hommes par le Créateur, reste gratuit ! Toute la question du bonheur général est là. Et nous montrerons que c'est surtout en donnant abusivement naissance à la rente, ou en l'augmentant beaucoup, que le vice des institutions et l'entassement produisent la misère.

Quand nous avons dit qu'il n'y avait que deux grandes causes de misère, nous entendions dans chaque nation, considérée individuellement ; mais il en est une troisième, très puissante aussi, qui tient aux mauvaises relations des nations entre elles, à leur antagonisme et aux funestes divisions qui en sont la suite. Comme elle forme un sujet séparé, tout à fait en dehors des questions politiques, et surtout économiques, que les deux autres, liées intimement entre elles sous tant de rapports, doivent soulever, nous avons pu et dû en faire d'abord abstraction, la rejeter ainsi comme sur un second plan.

En résumé, pour détruire sûrement la misère, il suffit : là, où les institutions sont vicieuses, de les corriger : là, où il y a entassement, de le détruire : là, où existent de mauvais rapports internationaux, de les faire cesser. Dans ce problème socialiste, que tant d'hommes d'État et d'économistes éminents déclarent insoluble, nous ne voyons, et n'avons jamais vu, théoriquement, scientifiquement parlant, aucune difficulté ; et nous espérons démontrer, avec la dernière évidence, qu'il n'y en a aucune.

Comment les trois grandes causes que nous avons indiquées produisent-elles la misère ? comment prévenir ou détruire chacune d'elles ? tel est le sujet de cette première partie qui formera ainsi un traité de science sociale.

TABLE DES MATIÈRES DE LA PREMIÈRE PARTIE.

Comment elles ont été suivies par les divers peuples.

Des difficultés de l'émigration et des moyens de les vaincre.

Chap. V.—Comment l'antagonisme international cause la misère.

Chap. VI. — Comment remédier à la misère causée par l'antagonisme international.

Nécessité d'associer les nations.

Du système social qui convient aux associations internationales.

Nivellement territorial.

Nivellement institutionnel.

Nivellement commercial.

Des confédérations régionales, éléments de la grande confédération universelle.

Chap. VII. — (Appendice.) Organisation du groupe local (commune, canton, province).

Répartition locale de la population.

Des associations diverses qui peuvent être établies dans un groupe local bien constitué.

Résumé.

PROLÉGOMÈNES

DE LA SECONDE PARTIE.

> D'un globe étroit divisez mieux l'espace,
> Chacun de vous aura place au soleil.
> BÉRANGER.
>
> Peuples, formez une sainte alliance.
> Et donnez-vous la main.
> BÉRANGER.

Si on néglige tout le territoire situé au nord de la Baltique ainsi que toute la portion de la Russie située au-delà du 60ᵉ degré de latitude, et qu'on tire une ligne à peu près verticale qui, dirigée de Trieste vers le nord, laisserait à gauche l'archiduché d'Autriche et la Bohême, à droite le duché de Posen, et tomberait sur la Baltique entre Stettin et Dantzig, on divise l'Europe en deux régions. L'une, à l'ouest, moitié plus petite que l'autre, contient l'Angleterre, la France, l'Espagne, la Prusse, l'Autriche et un bon nombre de petits États, tels que ceux d'Allemagne, ceux d'Italie, le Portugal, la Belgique, la Hollande, le Danemark, la Suisse. L'autre, à l'est, contient quelques provinces appartenant à la Prusse, à l'Autriche, des provinces plus ou moins indépendantes, la Servie et la Moldo-Valachie, la Grèce, la Turquie et la Russie européennes.

Ces deux régions offrent, sous le rapport des institutions, des différences profondes. Dans l'orientale, despotisme politique à peu près absolu : toutes

les terres entre les mains du monarque, de l'aristocratie et du clergé : à peine quelques traces d'industrie : l'homme dans un état de servage plus ou
moins complet, ou même esclave : en un mot, la
féodalité, qui a couvert autrefois toute l'Europe, y
subsiste encore pour ainsi dire entière.

Dans la région occidentale, la féodalité s'est déjà
en grande partie effacée, et d'autant plus, en général, qu'on s'avance davantage vers l'Ouest. Plus
d'esclavage ni de servage : liberté civile absolue :
un commencement de liberté politique : une portion
des terres devenue déjà la propriété des cultivateurs :
une industrie développée, ayant donné naissance à
un certain nombre de fortunes moyennes. Ce n'est
pas, à coup sûr, la démocratie avec ses richesses
abondantes et normalement réparties, avec tout son
développement intellectuel et moral, avec cette
union, cette fraternité entre les citoyens, qu'elle ne
manque jamais d'amener ; mais ce n'est déjà plus le
despotisme.

Sous le rapport de la population, la différence
entre ces deux contrées n'est pas moins profonde.
Mais quelques considérations générales sur la population et sa proportion normale sont ici nécessaires.

Les produits, que fournit un territoire donné, varient en quantité : d'abord suivant l'étendue de la
surface productive, qui est toujours plus ou moins
restreinte par les montagnes, les cours d'eau, les
lacs, les marais, les sables, et aussi par les pro-
priétés bâties et les routes : en second lieu, suivant
la composition chimique de la surface productive,

la proportion de principes fertilisants qu'elle contient. Quelques terres, en Asie, celles qui sont
situées sux pieds des monts Himalaya, en Europe,
celles qui forment la plus grande partie de la Belgique, du Milanais et de la Russie méridionale,
doivent à cette condition leur fertilité extraordinaire.
Enfin les produits varient en quantité suivant le
climat, qui est d'autant plus fécondant qu'il est plus
chaud, pourvu toutefois que l'humidité soit proportionnée à la chaleur. Le grain de blé qui, dans le
royaume de Naples, donne vingt pour un, ne donne,
dit-on, que quatre pour un en Norwége; et c'est uniquement au·climat qu'on devrait attribuer cette
énorme différence! Mais pour qu'un sol rapporte tout
ce que ses conditions naturelles lui permettent de
rapporter, il faut, comme nous l'avons longuement
démontré dans plusieurs chapitres de notre première
partie, qu'il soit normalement approprié. Dans le
cas contraire, en effet, on voit ses produits diminuer
de moitié, des deux tiers, des trois quarts et même
au-delà.

Dans notre Europe, telle que nous l'avons cir-
conscrite, c'est-à-dire toute la zone glaciale écartée,
combien en moyenne une de nos lieues carrées, qui
contient brut 1,975 hectares, peut-elle convenablement entretenir d'habitants? c'est ce que nous
manquons de documents pour décider. Mais, autant
que nous pouvons croire, ce serait 1,500 au plus,
peut-être même seulement 1,200, en supposant,
bien entendu, le sol aussi heureusement approprié
que possible.

Ces préliminaires posés, il nous reste à indiquer quelle est, par lieue carrée, la population dans les divers États des régions occidentale et orientale de l'Europe. L'indiquer rigoureusement serait impossible. Presque partout, en effet, les deux éléments de la solution, c'est-à-dire des recensements et des cadastres réguliers, manquent. Les chiffres que nous allons donner, et pour lesquels nous avons consulté les meilleures autorités, ne sont donc qu'approximatifs; mais pour l'usage que nous en voulons faire ils suffisent très bien.

RÉGION OCCIDENTALE DE L'EUROPE.

Nombre d'habitants par lieue carrée.

Belgique.	2,740
Irlande.	2,060
Angleterre.	2,000
Hollande.	1,880
Péninsule italique.	1,500
Prusse occidentale.	1,350
France.	1,300
Allemagne proprement dite.	1,200
Autriche occidentale.	1,170
Portugal.	1,120
Suisse.	1,000
Espagne.	840
Écosse.	650
Danemark.	600

Ceux de ces États qui ont le plus de population le doivent, l'Irlande exceptée, à la fertilité de leur territoire, à la bonté relative de leurs institutions, au développement de l'industrie et du commerce. Ceux qui en ont le moins le doivent : les uns soit à la rigueur de leur climat et à la mauvaise composition de leur sol, comme le Danemark et une partie de la Prusse, soit à la rigueur de leur climat et au peu d'étendue de la surface productive restreinte par des montagnes et des lacs, comme la Suisse, l'Écosse et une partie de l'Autriche occidentale : les autres, comme le Portugal et surtout l'Espagne, à des institutions longtemps vicieuses, à la concentration de la terre en un petit nombre de mains, au peu de développement de l'industrie et du commerce.

Quant à la région orientale, on peut, par une ligne tirée verticalement des bouches du Danube à Mémel, la subdiviser en deux portions, la Karpathie et la Russie. La Karpathie septentrionale comprend la Prusse orientale, l'ancien royaume de Pologne, quelques fragments de l'Autriche. Elle est très peu étendue, n'a pas d'ailleurs d'importance au point de vue où nous aurons à nous placer plus loin ; aussi nous bornerons-nous à apprécier approximativement et en masse sa population. La Karpathie méridionale comprend, sur la rive gauche de la Save et du Danube, presque toute l'Autriche orientale, c'est-à-dire la Croatie, l'Esclavonie, la Hongrie, la Transylvanie et en outre la Moldo-Valachie : sur leur rive droite, la Servie, la Grèce, la Turquie d'Europe et de plus quelques petites provinces autrichiennes, que baigne l'Adriatique et dont nous ferons abstraction.

RÉGION ORIENTALE DE L'EUROPE.

Nombre d'habitants par lieue carrée.

Karpathie septentrionale.	700
Autriche orientale.	700
Moldo-Valachie.	670
Servie.	260
Grèce.	240
Turquie d'Europe.	450
Russie d'Europe.	280

Dans la Russie, qui forme les trois quarts de cette région, la population est fort inégalement répartie; assez concentrée sur certains points, elle est très clair-semée sur d'autres. La Russie primitive et toutes les provinces, qu'elle a conquises à l'ouest sur les Polonais, comptent de 400 à 700 habitants par lieue carrée : les provinces, qu'elle a enlevées au midi et à l'est aux Turcs et aux Tartares, en comptent à peine 120. Et ces dernières, remarquons-le bien, sont les plus voisines des mers, les mieux situées, les plus chaudes, les plus fertiles. Elles se composent de prairies immenses, qui contiennent jusqu'à 2 mètres d'humus. Dans la Turquie d'Europe il en est à peu près de même. La population chrétienne, qui fuit le voisinage de ses oppresseurs, s'est rassemblée surtout dans les hautes vallées; et dans les plaines, autour des villes, là, où la nature a prodigué tous ses trésors, ce sont des déserts sans fin. On en trouve de dix et même de cinquante lieues d'étendue.

En résumé, la région orientale de l'Europe, dont le sol est encore vierge sur bien des points, compte à peine, en moyenne, 350 habitants par lieue carrée ; l'occidentale, dont le sol est çà et là épuisé, en compterait à peu près 1,350. Et ce dernier nombre, vu la vicieuse appropriation de la terre et la mauvaise culture qui en résulte, est, relativement au bien-être des masses, beaucoup trop considérable, de moitié au moins. Ainsi la première n'offre pas assez d'habitants, la seconde en offre trop ; et, comme celle-là est de moitié plus étendue, dans le cas, où elle viendrait à recevoir toute la population exubérante de celle-ci, elle n'en aurait pas encore assez. La population, en Europe, est donc non-seulement très mal répartie mais encore insuffisante. D'après les statisticiens les plus exacts et les plus judicieux, elle serait seulement de 533 habitants par lieue carrée.

Dans les deux régions, que nous venons d'examiner, on trouve également la misère. Hélas! où ne la trouve-t-on pas? Sous tous les climats, près de l'équateur, comme près des pôles, en dépit de toutes les faveurs que Dieu nous a prodiguées, quel pays n'afflige-t-elle pas? c'est à peine si çà et là se rencontrent quelques points sur lesquels l'ami de l'humanité puisse avec un peu de satisfaction reposer sa vue! Dans ces deux régions, disons-nous, la misère existe ; dans l'orientale elle est causée exclusivement par le vice des institutions; dans l'occidentale surtout par l'entassement; dans tous les deux, par ces mauvaises relations internationales, par ces antagonismes territoriaux, économiques, moraux, causes de toutes les guerres, qui, depuis des siècles, ont dissipé tant de trésors, fait tant de ruines, versé tant de sang.

Supposons que toute la population surabondante de l'ouest, préalablement choisie et préparée, munie de capitaux suffisants, organisée en petits essaims, germes d'autant de communes, conduite par des chefs capables et énergiques, suivant le système des anciens Grecs, allât peu à peu et méthodiquement se répandre dans l'est, où les terres, expropriées pour cause d'utilité publique, seraient également partagées entre les nouveaux et les anciens habitants, et leur seraient, par exemple, affermées à bail emphytéotique; supposons, en outre, que le mélange des essaims étrangers avec les essaims indigènes fût ménagé de telle sorte, que les premiers pussent par leurs leçons et leur exemple exercer sur les secondes une influence éducatrice, les éveiller, les exciter, les initier peu à peu à tous les bienfaits de la civilisation; n'est-il pas évident qu'au bout d'un temps fort court, en même temps que l'ouest se serait désentassé, l'est serait devenu apte à recevoir les institutions les plus libérales, ces institutions qui ne sont que l'égalité et la justice organisées?

Et à une époque comme la nôtre, où les idées humanitaires se répandent chaque jour davantage, où l'extension des voies de communication et du commerce multiplient tant les relations entre les peuples, serait-ce trop présumer du bon sens des hommes que de penser, qu'au milieu des préoccupations et de l'enthousiasme, excités par un si important changement, qu'au milieu d'un pareil mélange de toutes les races, les puérils, les pitoyables préjugés de nationalité se tairaient assez pour permettre un remaniement, sinon complet, au moins partiel de l'Europe, et, par suite, l'établissement d'une confédération durable ?

En annulant dans l'ouest l'entassement, dans l'est le vice des institutions, dans ces deux contrées l'antagonisme international, ce transport de population trancherait à la fois et complétement dans ses trois racines la misère, et ferait, qu'on nous passe cette expression vulgaire, d'une pierre trois coups. Quelle solution plus simple, plus pratique, plus féconde pourrait recevoir cette grande question d'Orient, qui a déjà tant préoccupé et agité l'Europe, et qui la menace, dans un avenir prochain peut-être, de si graves dangers ? Ce n'est pas tout : les États européens régénérés et unis deviendraient le noyau d'une vaste association, qui, s'étendant peu à peu et de proche en proche par la conquête et l'émigration civilisatrices, finirait par couvrir tout l'ancien monde. Ne serait-ce pas un beau spectacle que de voir sur l'une et l'autre rive de l'Atlantique une puissante confédération, toutes deux animées d'une émulation généreuse, luttant à qui s'emparerait avec le plus de rapidité et de méthode de son continent, à qui le féconderait et le civiliserait le mieux, et prenant de concert toutes les mesures générales, que réclamerait l'établissement de l'ordre universel ? Ne serait-ce pas pour l'humanité le commencement d'une nouvelle ère ?

L'excès de population, auquel Malthus attribue, non sans raison, les souffrances de quelques parties de l'Europe, n'est qu'accidentellement un mal, car il peut devenir pour d'autres parties un instrument de régénération, et un moyen d'union, un lien entre les premières et les secondes. Il serait à regretter qu'il n'existât pas : s'il n'existait pas, il faudrait le faire naître. La politique a pour mission de tirer parti de tout dans l'intérêt des hommes, et elle ne doit jamais détruire un mal quand elle peut le convertir en bien.

Comme on le voit, l'Europe, considérée dans son ensemble, contient, sous le rapport de la population et du territoire, tous les éléments nécessaires à son bonheur. Pour la rendre heureuse, il suffit de les disposer chacun à leur place. Mettez en ordre les éléments du chaos, qu'on appelle le monde actuel, et le monde nouveau, objet de tant d'aspirations, d'espérances, comme aussi de controverses, va se trouver bientôt et comme par enchantement créé.

Dans les diverses rénovations sociales, les grands transports de population ont presque toujours joué un rôle important. Ils tiennent une place considérable dans l'histoire de la Grèce, même avant Alexandre qui fonda des colonies jusque près de l'Indus, et qui eût bien mieux civilisé les vastes pays conquis par lui, si les éléments civilisateurs, dont il disposait, avaient été plus nombreux. Ils tiennent une place plus considérable encore dans l'histoire des Romains. Quand leur empire s'étendait, en largeur, des colonnes d'Hercule au fond de la mer Noire, en hauteur, du Rhin et du Danube à l'Atlas, aux montagnes de l'Abyssinie et à l'Euphrate, les divers points de cette sphère immense voyaient sans cesse arriver des essaims colonisateurs. Du centre à la circonférence, de la circonférence au centre, c'étaient des déplacements continuels de population, et c'est par grandes masses qu'ils avaient lieu. Sylla, dit Montesquieu, donna, dans une même province, des établissements à quarante-sept légions, et Trajan, à ce qu'on rapporte, transporta et fixa dans les provinces danubiennes six millions de soldats! A quels transports de population n'ont pas donné lieu les invasions des Barbares qui ont duré trois siècles; celles des Arabes sous Mahomet et ses successeurs; celles des Normands; celles des Européens, pendant les croisades en Asie et Afrique, et plus tard, après les découvertes de Gama et de Colomb, dans les deux Indes; celles des Turcomans, et toutes celles que les Tartares firent à diverses époques sous Gengiskan, Tamerlan, Nadirsha, et qui avaient pour théâtre le quart de la terre.

Les annales humaines nous montrent à chaque page les diverses parties du monde se ruant ainsi les unes sur les autres. C'est que la nature a voulu que la population cherchât comme l'eau son niveau, et que, quand elle se trouve accumulée en trop grande abondance dans un même réservoir, elle rompe les barrières qui la retiennent, et s'élance vers les espaces où elle puisse librement s'épancher.

Mais, presque toujours, ce sont des peuples barbares qui ont envahi des peuples civilisés, et qui tantôt les ont exterminés pour prendre leur place, tantôt les ont dépouillés et réduits en esclavage, les transportant quelquefois au loin, ou qui tout au moins leur ont imposé un gouvernement despotique et d'énormes tributs. Dans le plan que nous proposons, au contraire, le peuple étranger est appelé par le peuple indigène, au milieu duquel il vient se répandre pacifiquement et avec ordre; loin de l'asservir, il l'émancipe; loin de le dépouiller, il l'enrichit. Il s'unit à lui comme le protecteur au protégé, le tuteur au pupille, l'époux à l'épouse. C'est l'invasion civilisatrice, bienfaisante, si l'on peut accoupler de pareils mots.

Les nations de l'ouest de l'Europe et celle de l'est se trouvent liées par un puissant intérêt; elles ne peuvent se délivrer de la misère qu'ensemble, et les unes par les autres. Autant les premières ont besoin d'écouler l'excédant de leur population, autant les secondes ont besoin de le recevoir : il faut donc que, pour leur avantage mutuel, celles-là s'associent entre elles et avec celles-ci. Notre plan n'est autre chose que cette vaste association.

Nous proposant l'extinction de la misère en Europe, nous avions deux choses à rechercher : d'abord, par quelles conditions la misère se trouve prévenue aux États-Unis, pays si favorisé sous ce rapport : ensuite comment ces conditions pourraient être réalisées en Europe. Voilà ce que la logique voulait que nous fissions, voilà ce que nous avons fait. Notre plan , c'est la réalisation en Europe de toutes les conditions auxquelles les États-Unis doivent leur bonheur, *c'est l'organisation des États-Unis de l'Europe.*

Dans son bel ouvrage sur la population, Malthus, après avoir montré d'une manière quelque peu partiale les inconvénients de l'émigration comme remède à la misère, ajoute ce qui suit :

« Il en serait bien autrement si un nouveau sol était ajouté au sol de l'Angleterre, par exemple, et qu'il fût divisé en petites fermes. On verrait bientôt hausser le prix du travail, et les riches s'en plaindre, comme on dit qu'ils font en Amérique. »

Mais l'Europe orientale ne fait-elle pas suite à l'Europe occidentale ? Son sol ne peut-il pas être regardé comme ajouté par la nature à celui de cette dernière ? Et dans notre plan, ne serait-il pas divisé en petites fermes ? Nous donnons donc à l'espèce de vœu émis par Malthus toute satisfaction.

« Plusieurs contrées de l'Europe, disaient en 1845 dans un rapport officiel, les hommes les plus éminents de la Suisse seraient favorables à l'émigration, et l'on est péniblement frappé en voyant l'émigration anglaise, allemande et suisse chercher un avenir plus ou moins aventureux au delà des mers et dans les continents les plus éloignés, tandis que l'Europe renferme d'immenses terres incultes qui pourraient nourrir des millions d'émigrants. Les causes de cette *impulsion fausse et même absurde* s'expliquent par l'organisation politique et religieuse de l'Europe , et par d'autres causes ; elle n'en n'a pas moins frappé un grand nombre d'esprits éminents, en Allemagne surtout. On déplore, dans la confédération germanique, de voir l'émigration entraîner ainsi chaque année environ 40,000 âmes, et emporter de 35 à 40 millions de florins, ce qui porte depuis 20 ans le chiffre des émigrants à 800,000, et la somme d'argent à 700 millions. Ces 800,000 Allemands sont allés peupler l'Amérique du Nord, l'Amérique centrale et du Sud, tandis que la Hongrie et la Transylvanie renferment d'immenses étendues de terre incultes et les plus fertiles, et offrent toutes les sécurités du climat et d'une civilisation toute faite. La Russie, la Turquie, la Grèce, l'Espagne, la Sardaigne, la Sicile, la Corse manquent de population. »

Notre plan ferait précisément cesser les causes de l'impulsion *fausse et même absurde* que signale le rapport, et il créerait, pour faciliter cette émigration intra-européenne, toutes les ressources de la plus vaste et de la plus puissante des associations.

Les idées, vraiment justes et répondant à un grand besoin, avant d'être distinguées avec netteté et formulées avec précision par un homme, ont été presque toujours plus ou moins confusément entrevues par quelques autres.

« Je crois à la mission de l'Allemagne dans le monde, disait en 1848 un des orateurs les plus distingués de la diète de Francfort, et je cesserais de m'enorgueillir de mon titre d'Allemand, si toute notre mission se réduisait à élever une constitution derrière laquelle nous n'aurions qu'à jouir des douceurs du foyer. L'Allemagne a reçu la mission de civiliser l'Orient; et les peuples du Danube, qui n'ont pas encore atteint la conscience d'eux-mêmes, doivent être nos satellites dans cette marche continuelle vers le monde oriental. »

Cette idée, fort belle sans doute, très répandue à ce qu'il paraît parmi les hommes éminents de l'Allemagne, trouverait dans notre plan une application complète, simple et pratique à la fois. Car pourquoi la régénération de l'Europe orientale, et par suite du monde entier, serait-elle le monopole exclusif de l'Allemagne? Il nous semble qu'en deçà comme au delà du Rhin se peut rencontrer quelque générosité et quelque énergie. Il nous semble que le concours de nations populeuses, puissantes, actives, telles que l'Angleterre et la France, ne serait pas à dédaigner. Dans des entreprises vastes et difficiles, il faut laisser des rôles à tous ceux qui veulent et peuvent les bien remplir. Pour faire de grandes et nobles choses, on n'est jamais trop.

Dans les vers qui servent d'épigraphe à ces préliminaires, notre immortel Béranger a déjà, dès longtemps, parfaitement posé et résolu le problème socialiste. Les vérités, à la découverte desquelles le savant n'arrive que lentement par une patiente et persévérante analyse, souvent le poëte, guidé par un instinct supérieur, les avait déjà signalées. Ce que le premier démontre avait déjà été chanté par le second.

Nous avons prouvé que l'absence de rente, et par suite la possession *réelle et intégrale* du sol par le cultivateur, était la condition fondamentale de l'ordre économique; cette condition se trouverait réalisée par notre plan. Dans les pays où s'établiraient les émigrants, la rente est très faible, existe à peine : dans ceux qu'ils quitteraient, elle irait s'affaiblissant à mesure que le désentassement s'opérerait: Dans les premiers, tous les cultivateurs seraient immédiatement propriétaires, à titre peu onéreux si-

non gratuit : dans les seconds, par l'abaissement
du prix des produits agricoles et de la rente, ainsi
que par l'élévation des salaires, ils le deviendraient
bientôt. Notre plan, ce serait donc, en dernière analyse, la loi agraire avec tous ses bienfaits, avec d'autres non moins nombreux et non moins importants
qu'elle ne pourrait pas donner, et de plus, point capital à nos yeux, sans la spoliation qui, dans les
principales rénovations sociales de l'antiquité, l'a
entachée.

Quelques socialistes, dit-on, voudraient, sans
l'avouer toutefois, partager complétement tous les
biens et établir brusquement ainsi l'égalité. Mais
par cette mesure ils n'assureraient pas, à beaucoup
près, comme le ferait notre plan, l'aisance des masses dans l'ouest de l'Europe ; ils n'en régénéreraient
pas l'est, ne relieraient pas entre elles ces deux régions, n'organiseraient pas *ces États-Unis de l'Europe*, qui devraient prendre désormais la gestion
matérielle, intellectuelle et morale de l'ancien continent. Leur solution est donc incomparablement
moins féconde que la nôtre. D'ailleurs, ils foule-
raient violemment aux pieds les lois de la propriété, lois sacrées qu'il n'est permis d'enfreindre
que dans le cas d'absolue nécessité, s'il est jamais
permis de les enfreindre. En outre, ils ne pourraient réussir, si, ce qui est douteux, ils réussis-
saient, qu'après de profonds bouleversements, de
longues et sanglantes luttes. Ces extrémités déplo-
rables, nous les évitons complétement.

Dans l'est, le terrain, concédé aux colons occidentaux, serait normalement divisé en espaces d'une lieue et demie carrée, par exemple, au centre desquels s'élèverait la petite cité communale ; et les fondateurs de chaque commune, qui se seraient mutuellement choisis, et que, par conséquent, une convenable conformité d'idées et de vues réunirait, resteraient complétement maîtres d'adopter dans leurs limites le système social qui leur paraîtrait le meilleur. Peu importe en effet à l'État comment les communes s'organisent, pourvu qu'elles remplissent envers lui leurs devoirs. Quant à l'ouest de l'Europe, on devrait décréter que toutes les fois que les deux tiers, les trois quarts des habitants d'une commune voudraient changer leur système social, ils pourraient exproprier les autres habitants. Il va sans dire que les indigènes de l'est jouiraient du même avantage.

Ainsi, toutes les sectes socialistes obtiendraient ce qu'elles ont le droit de réclamer, et ce que l'État, nous le répétons, n'aurait aucun intérêt à leur refuser, la liberté ; toutes jouiraient largement du seul avantage dont elles auraient réellement besoin, de la terre à bon marché, et par suite, du crédit ; toutes se trouveraient dans les mêmes conditions, gérant également à leurs risques et périls, à leurs frais ; toutes seraient soumises à la même épreuve définitive, l'expérience. Que pourraient-elles légitimement demander de plus ?

Notre plan se compose, en résumé, de deux grandes entreprises : une vaste émigration de l'Ouest à l'Est, et l'organisation d'une confédération européenne. Ces deux entreprises sont intimement liées, elles ne sont réalisables que l'une par l'autre.

L'émigration ne peut avoir lieu dans une large mesure, avec facilité et promptitude, qu'autant que cette confédération existera. Dans l'état d'antagonisme où se trouvent aujourd'hui les nations, aucune d'elles ne voudrait diminuer sa population, affaiblir surtout au profit de ses rivales sa puissance militaire et industrielle ; et d'ailleurs, pour le déplacement d'un nombre considérable d'individus, il faut un ensemble de mesures et une abondance de ressources que le concert européen seul peut donner.

D'un autre côté, le concert européen ne peut être fondé qu'autant qu'une émigration un peu considérable aurait lieu. Quel est en effet le seul obstacle à la fondation de ce concert ? Ce sont les préjugés des masses, leur esprit étroit de nationalité, leur patriotisme mal entendu. Et elles ne consentiront à sacrifier ces opinions et ces sentiments qu'autant qu'elles trouveront à le faire un intérêt puissant, qu'autant qu'il en résultera pour elles un important changement dans leur situation. Or ce changement, une émigration considérable, qui diminuerait notablement l'entassement dans une partie de l'Europe, et qui porterait tout à coup dans l'autre la liberté et la civilisation, peut seule l'amener.

Ce plan présenterait d'autant plus de difficultés qu'on l'exécuterait plus tard. A mesure qu'on attendrait davantage, on verrait dans l'Europe occidentale l'entassement augmenter, dans l'orientale la place disponible se restreindre; et la Russie, qui grandit et se fortifie chaque jour, serait bientôt à même d'opposer une résistance, dont on ne triompherait qu'avec peine et au prix de grands sacrifices. Pour sortir de la funeste situation dans laquelle elle se trouve, l'Europe occidentale n'a plus qu'une porte ouverte; il ne faut pas qu'elle la laisse se fermer. Elle est destinée, comme l'a dit Napoléon, à devenir, dans un temps donné, démocratique ou cosaque; qu'elle choisisse.

Dans notre plan, la classe inférieure serait conduite à l'aisance par la classe moyenne, sous le patronage de la classe supérieure, avec les secours pécuniaires, intellectuels et moraux que celle-ci voudrait bien donner. L'union des classes serait donc nécessaire au succès. Cette union est-elle chimérique? Nous ne le croyons pas. Notre époque, nous en convenons, est trop préoccupée par les intérêts matériels; elle manque un peu, par conséquent, d'élévation et d'énergie; mais, on ne saurait le contester, elle est éclairée, honnête, charitable. Dans chacun des nombreux partis, qui se disputent avec tant de vivacité le pouvoir, les hommes vraiment portés au bien sont en immense majorité. Pour une grande entreprise qui devrait retirer l'Europe de la situation si critique dans laquelle elle se trouve, qui devrait ouvrir à l'humanité une nouvelle ère, ils ne manqueraient pas de s'entendre.

En résumé, le Créateur a voulu pour les hommes des jouissances matérielles étendues, des jouissances intellectuelles et morales plus étendues encore, et

il les a voulues, non pas seulement pour quelques-
uns, mais pour tous. Le bonheur général, voilà le
but vers lequel marchent depuis tant de siècles les
sociétés humaines, à la sueur de leur front, à tra-
vers mille difficultés et mille obstacles, tantôt s'ar-
rêtant pour un temps plus ou moins long, tantôt
s'écartant de la bonne route, reculant même parfois.
Ce but est maintenant sous leurs yeux ; encore un
effort, et elles l'atteindront ; mais de l'accord, surtout de l'accord.

<hr>

TABLE DES MATIÈRES DE LA DEUXIÈME PARTIE.

Comment l'établissement de l'ordre en Europe préparerait
l'établissement de l'ordre dans le monde entier.

**Chap. III. — Des obstacles que la nature des choses
opposerait à l'exécution du plan proposé.**

Difficulté de trouver les capitaux nécessaires.
Difficulté de trouver la force directrice nécessaire.

**Chap. IV. — Des obstacles que les préjugés et les pas-
sions des hommes pourraient opposer à l'exécution
du plan proposé.**

Dans la région occidentale.
Dans la région orientale.

Résumé et appréciation du plan.

Il donne satisfaction à la fois aux économistes, aux socialistes, aux hommes d'État, aux moralistes et aux chré-
tiens.

Nous ajouterons encore sous forme de *post-scrip-
tum* quelques lignes. Le plan exposé par nous dans
notre seconde partie présenterait, nous dira-t-on
sans doute, de grandes et nombreuses difficultés.
Nous le reconnaissons si bien que nous avons em-
ployé quatre chapitres fort étendus, le tiers de notre
ouvrage, à indiquer en détail comment chacune
d'elles devrait être surmontée. D'ailleurs, admettons
que notre livre ne résolût pas toutes les objections;
la discussion, qui dans les diverses parties de l'Europe, suivrait sa publication, ne pourrait-elle pas les
résoudre? Notre plan est-il *discutable*? Voilà pour le

moment le seul point à examiner. S'il l'est, il faut le mettre en discussion et par conséquent aider celui qui l'a conçu et médité à l'exposer dans son entier, avec tous ses développements et toutes ses preuves. Un parlement, avant d'adopter, avant même d'examiner d'une manière approfondie une proposition individuelle, entend d'abord celui qui la présente. Nous demandons à être entendu, et le demandons avec instance.

Nous profitons de cette occasion pour prévenir les divers organes de la presse, auxquels il conviendrait de publier, en feuilletons ou en variétés, des fragments étendus soit de cette œuvre, soit d'autres œuvres de même ordre, préparées par nous pendant huit ans d'un travail opiniâtre, que nous avons de la copie à leur disposition; nous en aurions pour tous et pour longtemps.

Imp. de G. Gratiot, rue de la Monnaie, 11.

www.ingramcontent.com/pod-product-compliance
Ingram Content Group UK Ltd.
Pitfield, Milton Keynes, MK11 3LW, UK
UKHW021708130726
13696UKWH00004B/1683